DOROTHEE SÖLLE

MARIA

W0371105

Dorothee Sölle (1929–2003), Theologin und Schriftstellerin, von 1975 bis 1987 Professorin für Systematische Theologie in New York, Ehrenprofessorin der Universität Hamburg.

Fulbert Steffensky, geb. 1933, Professor emeritus für Religionspädagogik des Fachbereichs Erziehungswissenschaft der Universität Hamburg.

Dorothee Sölle

MARIA Eine Begegnung mit der Muttergottes

Mit einem Nachwort
von Fulbert Steffensky

HERDER
FREIBURG · BASEL · WIEN

Alle Rechte vorbehalten
© Verlag Herder Freiburg im Breisgau 2005
www.herder.de

Internationales Copyright für den Text von Dorothee Sölle
© EMB Service für Verleger, Luzern 1997

Umschlagmotiv: Miguel Cabrera (1695–1768),
Virgen de Guadalupe (Jungfrau Maria von Guadalupe),
Museo de America, Madrid
Foto: © akg-images / Joseph Martin

Innengestaltung:
Weiß – Grafik und Buchgestaltung, Freiburg
Druck und Bindung:
fgb · freiburger graphische betriebe
www.fgb.de
Gedruckt auf chlor- und säurefrei gebleichtem,
umweltfreundlichem Papier
Printed in Germany

ISBN 3-451-28843-5

Inhalt

Meine Seele sieht
das Land der Freiheit.

Dorothee Sölle
nach dem Magnifikat

1

Den Himmel spüren … in tausend Bildern

Ich sehe dich in tausend Bildern,
Maria, lieblich ausgedrückt,
Doch keins von allen kann dich schildern,
Wie meine Seele dich erblickt.

Dieser Vers des romantischen Dichters Novalis kam mir in den Sinn angesichts der „tausend Bilder" einer faszinierend reichen und verwirrend vielfältigen religiösen Tradition. Wer war Maria eigentlich, welche Zugänge lassen sich zu ihr finden – in der Bibel, in der dogmatischen Deutung ihrer Gestalt, in der Frömmigkeitsgeschichte, die voller Poesie und Erfindungsgabe steckt? Zwischen Himmelskönigin oder „geheimer Göttin" des Christentums und einem armen Landmädchen aus dem Galil, zwischen der in polnischen Volkslegenden auftauchenden „Madonna der Spitzbuben" und der Lehrerin der Lehrer, der „Magistra magistrorum“ und Patronin von Universitäten, zwischen „Unserer Lieben Frau von der glücklichen Geburt“ und der „vom guten Tod“ – wer war sie denn wirklich?

Es gibt nicht nur ein Bild, das „richtig“ und vollständig zu sein beanspruchen könnte. „De Maria numquam satis“ ist ein alter Grundsatz christlicher Tradition: über Maria niemals genug! Die Fülle der verschiedenen Namen und Lobpreisungen, Bilder und Legenden, Wallfahrtsorte und Rituale, Bitten und Erhörungen weist hin auf eine andere Frage, die noch schwerer zu beantworten ist: Wer ist sie denn heute, nach zweitausend Jahren? Wer ist sie für uns? Kann ich zu artikulieren wagen, wie „meine Seele dich erblickt“? Habe ich ein Recht zu sagen, für wen sie lebendig ist, segnet und behütet, Trost und Herausforderung darstellt, eine Gestalt des Lebens, ohne die wir ärmer wären? Noch einmal Novalis:

Ich weiß nur, dass der Welt Getümmel
Seitdem mir wie ein Traum verweht
Und ein unnennbar süßer Himmel
Mir ewig im Gemüte steht.

In der Tat hat Maria etwas mit dem „unnennbar süßen Himmel" zu tun, auf den viele unter uns, Frauen wie Männer, glauben verzichten zu können; in einer selbstzerstörerischen Übervernünftigkeit haben sie sich das Recht auf etwas, das – auch noch „ewig"! – uns „im Gemüte" stehen könnte, genommen. Aber diesem Prozess der Selbstverarmung, den wir uns durch die Verdrängung unserer tiefsten Wünsche antun, können die tausend Bilder machtvoll entgegentreten. Die Bilder der Muttergottes erinnern uns an unsere eigenen Sehnsüchte nach einem anderen Leben. Ihre Schönheit zieht uns zu ihrer Wahrheit. Sie können uns lehren, etwas von diesem „unnennbar süßen Himmel" mit eigenen Augen zu sehen. Sie erinnern uns daran, wie innerhalb der religiösen Tradition Ängste und Wünsche einfacher Leute benennbar und darum heilbar wurden, so dass die Welt nicht nur ein unbegreiflich wirres „Getümmel“ blieb, sondern ein Hinweis auf das Land der Freiheit, das wir Himmel nennen, wurde.

Ich möchte lernen, die beiden Fragen „Wer war Maria wirklich?“ und „Wer ist sie für uns?“ zusammenzuhalten. Der historische Blick allein genügt nicht, er wandert zwischen Bibel und Wirkungsgeschichte hin und her, hält sich fest am Dogma oder an seiner kritischen Entlarvung, klärt auf und bereichert unser Verständnis von dem, was war. Wir lernen, Maria zu erkennen als eine Frau, die gleichzeitig Jungfrau und Mutter sein konnte, leidende Schmerzensreiche und gekrönte Königin, Gelehrte und einfache Magd, Heilerin und Wohltäterin. Aber worin die eigentliche Faszination liegt, das kann die historische Perspektive und ihre oft besserwisserische Hermeneutik, die alles Überlieferte unter Verdacht stellt, höchstens ahnen lassen.

Eine andere, eine existentielle Frage ist notwendig. Der aufklärerische Versuch, zwischen Wundererzählung und tatsächlicher Begebenheit aus der Sicht des prinzipiell Überlegenen zu unterscheiden, führt nicht sehr weit, ja er verkommt in der Postmoderne zu einer ästhetisierenden Verhältnislosigkeit. Unsere Beziehung zu den großen Traditionen, in die Maria hineingehört, wird steril, wenn wir die tausend Bilder ästhetisch an uns vorüberziehen lassen, ohne den religiösen Grund, auf dem sie gewachsen sind, in Betracht zu ziehen. Ein wirkliches Verständnis braucht vielleicht die Kraft der Hoffnung auf Heilung auch in unserer Welt, zumindest aber eine Ahnung von dem „unnennbar Süßen", das sich immer wieder in den Bildern und Legenden aufgetan hat.

Ich suche in den tausend Bildern ein Verständnis von Maria, das von der biblischen Perspektive und von der Frömmigkeitsgeschichte geprägt – und von der Dogmatik wenig beschädigt ist. Die protestantische, in der Schrift gegründete Tradition, in der ich verwurzelt bin, hat die Jungfräulichkeit Marias aufgenommen und weitergetragen, sie aber nicht im

Zur Frau aber sprach er Gott: Überaus zahlreich werde ich die Beschwerden deiner Schwangerschaft machen. Unter Schmerzen sollst du Kinder gebären. Nach deinem Mann wird dein Verlangen sein, aber er wird über dich herrschen.

GENESIS 3,16

Sinne des Dogmas „semper virgo" (553 n. Chr.) verstanden. Dieses Dogma aus Konstantinopel stellt die Virginität Marias „vor, in und nach der Geburt Christi" („ante partum, in partu et post partum Christi") unabdingbar fest. Dagegen spricht das älteste Evangelium unbefangen von den Brüdern und Schwestern Jesu (Markus 6,3). Hatte Jesus Geschwister? Lässt sich das im Neuen Testament gebrauchte Wort „Brüder" auch als Umschreibung von Vettern und Cousinen deuten oder muss man es wörtlich nehmen? Dieser exegetische Dissens zwischen den christlichen Konfessionen deutet auf eine andere Problematik hin, die tiefer liegt und erst durch die Frauenbewegung benannt worden ist. Ist es wahr, dass Maria sich von allen anderen Frauen radikal unterscheidet und als ein sexualitätsfreies und *deswegen* sündloses Wesen angesehen werden muss? Ist sie allein „rein" und wir übrigen Frauen, der *anderen* Mutter Eva folgend, unrein? Müssen wir die problematische – weil antijudaistische und sexualfeindliche – Polarisierung der abendländischen Tradition mitmachen? Müssen wir zwischen Eva, der Mutter aller Lebendigen, und Maria, der Gottesgebärerin, wählen? Oder gibt es tatsächlich ein Zusammen, eine Übereinkunft dieser beiden Archetypen, wie sie sich in dem schönen, versöhnenden Namen „Evamaria“ ausdrückt?

In einem alten deutschen Weihnachtslied (Trier 1587) heißt es in Anknüpfung an Jesaja 11,1: „Es wird ein Reis hervorgehen aus dem Stamm Isais und ein Zweig aus seiner Wurzel Frucht bringen“ auf Christus bezogen:

Das Blümlein, das ich meine,
davon Jesaja sagt,
hat uns gebracht alleine
Marie, die reine Magd;
aus Gottes ew'gem Rat
hat sie ein Kind geboren
und blieb doch reine Magd.

Auch in diesem Lied steckt das Dogma von der bleibenden Jungfräulichkeit, aber so artikuliert und besungen, dass es andere Frauen nicht ausschließt, sondern unser Verständnis von Virginität neu öffnen und vertiefen kann. Es ist, als sähen wir die junge Frau Maria in ihrer großen, bleibenden Verwunderung über Gottes Handeln an ihr. Jungfräulichkeit hat vielleicht mehr mit Staunenkönnen zu tun als mit dem technisch-patriarchalen Begriff der „virgo intacta". „Rein" bedeutet dann vielleicht einfach für Gott offen und leer zu sein, wie ein Blatt, auf das Gott seine Botschaft schreiben kann. An vielen Stellen der Marienüberlieferung hat der Begriff der Reinheit eher einen mystischen als einen technischen Sinn.

Ich versuche, den Schwierigkeiten mit einem verrechtlichten und vom Eigentum her gedachten Begriff zu entkommen, indem ich mich, eher als an die Dogmatik, an die Frömmigkeit des Volkes halte. Sie ist in der Verehrung der Gottesmutter andere, verschlungene und realistischere Wege gegangen.

Mich hat der Herr geschaffen als Erstling seines Waltens, vor seinen Werken in der Urzeit. Ich wurde vor aller Zeit gebildet, von Anbeginn, vor den Uranfängen der Erde. Als die Urfluten noch nicht waren, wurde ich geboren, als es noch nicht die Quellen gab, die wasserreichen. Bevor die Berge gegründet waren, vor den Hügeln wurde ich hervorgebracht, als er das Land und die Fluren noch nicht gemacht, noch nicht die ersten Schollen der Erde. Ich war dabei, als er den Himmel erstellte, einen Kreis über die Fläche der Urflut abmaß, als er oben die Wolken befestigte, die Kraft der Urflutquellen bestimmte, als er dem Meer seine Grenze setzte, dass die Wasser nicht seinen Befehl übertreten; als er die Grundfesten der Erde umriss, da war ich der Liebling an seiner Seite, war Tag für Tag seine Freude, indem ich die ganze Zeit vor ihm spielte. Da spielte ich auf dem weiten Rund seiner Erde und hatte meine Freude mit den Menschenkindern.

SPRICHWÖRTER 8,22–31

Ihnen will ich nachgehen; ihre phantasievolle Freiheit im Umgang mit der Tradition hat mich ermutigt, Marias Geschichte auch in der Sprache der Gegenwart zu erzählen.

Was heute ökumenisch möglich und notwendig ist, wäre eher eine „Mariologie von unten" gegenüber einer, die auf der strikten Entgegensetzung von Eva, dem Einfallstor der Sünde, und Maria, der Pforte zum Himmel, beruht. Diese andere Beziehung zu Maria ist im letzten Vierteljahrhundert innerhalb der feministischen Theologie entstanden; sie versucht, in verschiedenen Stimmen, von schwarzen und weißen, armen und reichen Frauen, gerade das Besondere an Maria, ihr In-Gott-Sein, ihre Heiligkeit, ihre „unnennbare Süße" auf neue Weise zu befragen und zu benennen.

Ein Karmelit und Lehrer der Armen aus Brasilien berichtet am Ende des 20. Jahrhunderts von Maria geweihten Wallfahrtsorten, zu denen die Leute zu Zehntausenden strömen. Lange Kolonnen von Lastwagen und Omnibussen bringen die Pilger aus allen Richtungen zusammen. Die Menschen singen und beten ununterbrochen, ein Rosenkranz folgt auf den anderen, ein Marienlied nach dem anderen wird angestimmt.

Eine einfache Frau, Witwe und Mutter von siebzehn Kindern, von denen zehn gestorben sind, wurde gefragt: „Warum machen Sie diese Wallfahrt? Was tun Sie in der Marienkirche?“ Die Antwort von Dona Raimunda war nicht so weit fort von dem, was Novalis gesucht hat. Sie drückte auf einfache Weise aus, was das Geheimnis Marias ist, für alle, die sie lieben. Sie sagte: „Den Himmel spüren, ganz nahe.“

2

Das junge Mädchen

Maria ist in Nazaret aufgewachsen – nicht in Tiberias, wo die Reichen ihre Villen am Seeufer hatten, sondern in Nazaret, einem kleinen, armseligen Dorf im Landesinneren, halb vergessen im galiläischen Gebirge, etwas oberhalb des Sees Gennesaret gelegen. Das Dorf galt als Räubernest. „Kann denn aus Nazaret etwas Gutes kommen?!" fragten sich die Leute (Johannes 1,46). Es gab nur wenige einfache Hütten, manche in den Berg hineingebaut. Jeder kannte jeden – und wie das im Dorf ist: Wer anders ist, über den wird getratscht. Als Jesus, der Sohn Marias, später einmal in den Heimatort zurückkam, hieß es gleich: „Der? Woher will er das haben, diese Weisheit und diese Wunder, die durch ihn passieren sollen? Ist das nicht der Sohn der Maria, der Zimmermann?" (frei nach Markus 6,2f). Von Josef war nicht die Rede.

Am folgenden Tag wollte er nach Galiläa aufbrechen und traf Philippus. Und Jesus sagte zu ihm: Folge mir! Philippus war aus Betsaida, der Heimatstadt des Andreas und Petrus. Philippus traf den Natanaël und sagte zu ihm: Der, von dem Mose im Gesetz geschrieben hat und die Propheten, den haben wir gefunden: Jesus, den Sohn Josefs aus Nazaret. Natanaël sagte zu ihm: Kann aus Nazaret etwas Gutes kommen? Philippus antwortete: Komm und sieh!

JOHANNES 1,43–47

Nazaret hatte eine einzige Wasserstelle, die für alle genügen musste. Sie war der Treffpunkt für die Frauen, sie schöpften dort Wasser, mit dem sie dann die großen Vorratskrüge zu Hause auffüllten. Dann gab es noch das Gebetshaus, in dem sich die Gemeinde am Sabbat versammelte, die Synagoge. Gleich bei ihr war eine kleine Schule, in der die Kinder lernten, die Bibel zu lesen, in Hebräisch. Miteinander sprachen sie Aramäisch.

Vielleicht hat Maria auch bei ihrer Mutter Lesen gelernt. Im Nordosten Brasiliens wird das Mädchen Maria dargestellt, wie sie von der heiligen Anna, ihrer Mutter, in den „Schriften" unterrichtet wird. Es gibt im Volk eine feministische Tradition der Glaubensweitergabe von Frau zu Frau, und sie wird heute von den kirchlichen Basisgemeinden reaktiviert, in denen Frauen häufig Gemeindeleiterinnen sind. In der gesamten Wirkungsgeschichte existiert eine Tradition der lesekundigen, belesenen, andere belehrenden Muttergottes. Manche Darstellungen erzählen, dass Maria sogar auf der Flucht nach Ägypten ruhig

Als sie weiterwanderten, kam er in ein Dorf. Eine Frau namens Marta nahm ihn in ihr Haus auf. Sie hatte eine Schwester namens Maria. Die setzte sich zu Füßen des Herrn und lauschte seinem Wort. Marta aber war durch vielerlei Dienste beansprucht; sie trat hinzu und sagte: Herr, kümmert es dich nicht, dass meine Schwester mir die Bedienung allein überlässt? Sag ihr doch, dass sie mir helfen soll! Doch der Herr antwortete ihr: Marta, Marta, du machst dir Sorgen und Unruhe um viele Dinge. Aber nur eines ist notwendig. Maria hat den guten Teil erwählt, der wird ihr nicht genommen werden.

LUKAS 10,38–42

lesend auf dem Esel sitzt, während Josef den kleinen Jesus hält. Im späten Mittelalter schenkt die gelehrte Maria armen Mägden einen Psalter – und befördert so die Frauenbildung!

Hat sie nicht auch gelesen, als der Engel Gabriel zu ihr ins Zimmer trat, um ihr die große Freude zu verkündigen? Auch in dieser Frage gibt es sehr verschiedene Traditionen: In den orthodoxen Kirchen wird Maria gern dargestellt als junge Frau, die den Vorhang des Tempels webt, die Seide und Purpur spinnt; im Westen ist es eher die meditierende, die den Psalter lesende Maria – vielleicht auch einfach ein junges Mädchen, das seinen Träumen nachhängt.

Jedenfalls haben die Maler und die Geschichtenerzähler das Mädchen Maria nicht auf die Rolle der fleißigen Hausfrau reduziert! Dagegen spräche schon die biblische Geschichte von Maria, die Jesu Worten hingegeben lauscht, und Marta, die, nützlich und praktisch denkend, um sein leibliches Wohl besorgt ist (Lukas 10,38–42). Diese kleine Erzählung handelt zwar nicht von der Gottesmutter, sondern von einer Schwester der Marta mit dem Namen Maria, aber das ist in der Wirkungsgeschichte oft schlicht vergessen worden … Die abendländische Tradition hat diese beiden Frauengestalten als Archetypen für das kontemplative und das aktive Leben angesehen. Beschaulichkeit und Wirksamkeit, das ruhige Hören des Wortes und die rastlose Sorge um die alltäglichen Nöte des Leibes, „vita contemplativa" und „vita activa" wurden aber nicht nur einander gegenübergestellt, sondern in eine eher von Aristoteles als vom jüdischen Denken geprägte Rangfolge eingeordnet. Das kontemplative Leben gilt als höherwertig, es ist geistiger und wesentlicher; das tätig-praktische Leben ist notwendig, aber untergeordnet. Diese Maria hat „das Bessere erwählt" (Lukas 10,42) im Zuhören und Schweigen.

3
Die Verwurzelung Marias in der jüdischen Tradition

Ohne die jüdische Tradition lässt sich die Mutter Jesu nicht verstehen. „Mirjam“ wurde sie von ihrer Mutter gerufen; das hebräische Wort „marjam“ bedeutet „das Bittere der Zeit tragen“. Maria nimmt das Bittere auf sich, das die der Liebe feindliche Zeit hervorbringen wird. Sie ist ein armes Landmädchen, bereit, das Bittere zu tragen. Später wird sie als Asylantin, Flüchtlingsfrau und Mutter eines subversiven Kriminellen dem Bitteren ausgesetzt, eine Schmerzensmutter. Die „mater dolorosa“ ist schon im Namen, der die Bitterkeit nicht verschweigt, angelegt.

Vor allem aber erinnert er an die Zeit, als das auserwählte Volk in Ägypten verknechtet war. Mirjam, die Schwester des Mose – manche deuten den Namen auch als „die Erhobene“ –, ergriff nach dem Durchzug durch das Rote Meer die Initiative: Gott

Als die Pferde des Pharao, seine Wagen und seine Reiter in das Meer hineinkamen und der Herr die Wasser des Meeres auf sie zurückfluten ließ, nachdem die Israeliten auf trockenem Boden mitten durch das Meer gezogen waren, da nahm die Prophetin Mirjam, die Schwester Aarons, die Pauke zur Hand und alle Frauen zogen mit Pauken und im Reigen hinter ihr her. Mirjam sang ihnen vor: Singt dem Herrn, denn er ist hocherhaben, Ross und Reiter warf er ins Meer!

EXODUS 15,19–21

hat uns errettet aus der Hand der Sklavenantreiber, so sang sie laut und nahm eine Pauke in die Hand und fing mit allen Frauen Israels zu tanzen an (vgl. Exodus 15,20).

Gott wolln wir singen,
Gott wolln wir loben,
Eine herrliche Tat hat er getan!
Ross und Reiter warf er ins Meer,
das Volk zog ins Gelobte Land.

Dieses Lied der Prophetin Mirjam hat Maria als Kind in der Synagoge gesungen, mit allen Frauen und Mädchen. Nicht sehr sanft und nicht gerade bescheiden. Es deutet zurück auf den Exodus des Volkes Gottes aus Ägypten, und es deutet voraus auf andere unterdrückte Völker, die Mirjam und Maria zusammendachten und Erlösung nicht von Befreiung trennten. Schwarze Frauen in Amerika, zur Feldarbeit versklavt und zum Vergnügen ihrer Herren Master da, sangen ein Lied aus den Stücken derselben Tradition weiter: Maria und Mirjam gehören zusammen, sie lassen sich nicht voneinander trennen. Das ertränkte Heer des Pharao weist hin auf Mirjams altes Lied, und so wird auch die Trauer der Mutter Maria um den zu Tode gefolterten Sohn ein Ende haben. Die schwarze Frau, die den Namen Maria trägt, weiß, dass auf den drei Gliedern der Sklavenkette, die sie wie ihr Volk trägt, der Name des Befreiers unauslöschlich steht.

Oh Mary don't you weep anymore
Pharaoh's army got drownded
Oh Mary don't you weep, don't you mourn
Pharaoh's army got drownded

Mary wore three links of chain
every link was Jesus' name
Mary wore three links of chain
every link was Freedom's name.

4
„Was kann aus Nazaret Gutes kommen?“

Die Leute in Nazaret lebten von körperlicher Arbeit, manche auf dem Feld, manche als einfache Handwerker, Zimmerleute oder Schmiede. Aber die Feldarbeiter waren nicht die Eigentümer des Landes, das sie bebauten; es gab Großgrundbesitzer, die in der Nähe des Hafens am See wohnten. Die Frauen lebten im Haus, ihre Arbeit, auch die der Greisinnen und kleinen Mädchen wie Maria, blieb unsichtbar; sie wuschen, buken das Brot, zogen die Kinder auf. Mädchen wurden sehr jung verheiratet, oft schon mit zwölf Jahren. Es gab viele Krankheiten in Galiläa, und die Menschen kannten den Hunger. Nicht aus Übermut, sondern aus Hunger rissen sie Ähren aus und kauten darauf herum, auch am Sabbat.

Das Land war von den Römern besetzt, die den Menschen Steuern abpressten. Die kollaborierenden

Jesus lehrte am Sabbat in einer Synagoge. Da war eine Frau, die seit achtzehn Jahren einen Krankheitsdämon hatte. Sie war verkrümmt und konnte sich nicht mehr ganz aufrichten. Als Jesus das sah, rief er sie zu sich und sagte zu ihr: Frau, du bist von deiner Krankheit erlöst. Und er legte ihr die Hände auf. Sogleich richtete sie sich auf und pries Gott.

LUKAS 13,11–13

Eintreiber nannte man „Zöllner"; meistens bereicherten sie sich an der Bevölkerung. Auch die Großgrundbesitzer waren romfreundlich; sie fuhren gut damit. In Galiläa gab es auch eine Guerillabewegung, Zeloten genannt, gewalttätige Leute. Wann immer sie konnten, töteten sie römische Soldaten, besonders im Schutz der Nacht. Dann wurde die Zivilbevölkerung in den Dörfern wieder heimgesucht und bestraft. Niemand war seines Lebens sicher. Wenn die Frauen sich an der Wasserstelle trafen, besprachen sie hinter vorgehaltener Hand, was da vor sich ging. Die Befreiung, das war das Thema. Weiter im Süden bedeutete schon das Wort Galiläer soviel wie „aufständisch gegen die Römer". Es war eine explosive Gegend, in der Maria aufwuchs. Das Loblied, das sie später – zusammengestellt aus den Worten der hebräischen Bibel – sang, das Magnificat, handelt von Macht und Unterdrückung, vom Hungern und vom Sattwerden, von Gottes Handeln an den Elenden.

Hochpreist meine Seele den Herrn
und mein Geist jubelt über Gott, meinen Retter.
Denn er hat geschaut auf die Niedrigkeit seiner Magd.
Siehe, von nun an preisen mich selig alle Geschlechter.
Denn Großes hat an mir getan der Mächtige
und heilig ist sein Name.
Seine Barmherzigkeit währt von Geschlecht zu
Geschlecht allen, die ihn fürchten.
Er hat Machttaten vollbracht mit seinem Arm,
er zerstreut, die im Herzen voll Hochmut sind.
Gewaltige hat er vom Thron gestürzt und Niedrige
erhöht.
Hungrige hat er erfüllt mit Gütern und Reiche leer
davongeschickt.
Angenommen hat er sich Israel, seines Knechtes,
eingedenk seiner Barmherzigkeit,
wie er gesprochen hat zu unseren Vätern, Abraham
und seinen Nachkommen in Ewigkeit.

LUKAS 1,46–55

Es ist nicht nur der persönliche Lobgesang der begnadeten einzelnen Frau, deren „Niedrigkeit Gott angesehen hat“; es ist das Lied ihres Volkes – und das Glück des Volkes wird, wie immer in der Bibel, an denen abgelesen, die am niedrigsten stehen.

5
Joachim und Anna, die Eltern Marias

In den großen Zusammenhang der Erhöhung der Erniedrigten, der Aufrichtung der Getretenen gehört auch die – nachbiblische – Tradition von der Geburt Marias. Diese Erzählung knüpft an die vielen Geschichten von unfruchtbaren, kinderlosen Frauen an, die wider Erwarten durch Gottes Eingreifen schwanger werden: wie Sara, die Frau des Abraham, wie Rahel, die Frau des Jakob, die ihren Mann bestürmt mit dem verzweifelten Schrei „Schaff mir Kinder, sonst sterbe ich“ (Genesis 30,1). Gott ist in der biblischen Tradition der, der die Gebärmutter aufschließt und das Leben gibt. Als Rahel später schwanger wird und ihren Sohn Josef gebiert, ruft sie „Gott hat meine Schmach von mir genommen“ (Genesis 30,23).

Gott sprach zu Abraham: Deine Frau Sarai sollst du nicht mehr Sarai nennen, sondern Sara (Herrin) soll ihr Name sein. Ich will sie segnen und dir aus ihr einen Sohn schenken. Segnen will ich sie, so dass Völker aus ihr hervorgehen; Könige von Völkern werden von ihr abstammen. Da fiel Abraham auf sein Angesicht und lachte. Denn er dachte bei sich: Einem Hundertjährigen soll noch geboren werden? Und Sara, die Neunzigjährige, soll noch gebären?
Der Herr suchte Sara heim, wie er es verheißen hatte, und der Herr tat an Sara, wie er es vorausgesagt hatte. Sara wurde schwanger und gebar dem Abraham in seinem Alter einen Sohn zu der Zeit, von der Gott geredet hatte.
Sara sprach: Wer hätte Abraham vorausgesagt: Sara wird noch Kinder stillen? Denn ich habe ihm in seinem hohen Alter einen Sohn geboren.

GENESIS 17,15–17;21,1–2.7

In dieser Tradition bedeutete Fruchtbarkeit Altersversorgung und Segen, und Unfruchtbarkeit wurde erlebt als ein Von-Gott-Vergessensein. Auch Joachim und Anna, die Eltern der Maria, haben Anteil an dieser Tradition. Sie waren zwanzig Jahre lang verheiratet, ohne Kinder zu bekommen. Das war für beide ein jeden Tag gefühltes und erfahrenes Unglück. Es war nicht nur ein Kummer des Herzens, es war auch eine Schande in der Gemeinschaft. Frauen wurden ausgelacht und verhöhnt, wie die kinderlose Hanna, die spätere Mutter von Samuel. Und Joachim, der spätere Vater der Maria, wurde, als er ein Brandopfer im Tempel bringen wollte, ausgeschlossen, ja, als ein Verfluchter verstoßen. Er ging in seinem Kummer in die Wüste. Anna lief mit Tränen in den Augen in den Garten. Eine Sage erzählt, dass sie dort ein Vogelnest gesehen habe, mit jungen Vögeln, die gerade ausgeschlüpft waren. Da soll sie zu Gott geklagt haben: „Herrscher des Himmels und der Erde, warum versagst du mir das, was du doch selbst den Vögeln des Himmels schenkst?“ Mit einem Mal erschien ihr ein Engel und verhieß ihr ein

Kind, ein Mädchen. Das war … Mirjam, Maria, Mary, Marie, Marija, die Frau, deren Namen ungezählte Frauen später tragen sollten.

Eine alte, unfruchtbare Frau wurde Mutter; ein unbedeutendes, nutzloses Wesen in den Augen der Welt, in der sie lebte, wurde in die große Geschichte Gottes mit seinem Volk eingeschrieben. Die ganze Geschichte ist voll von diesen verrückten Sachen, die sich mit Biologie nicht erklären lassen. Sara war alt und in der Menopause, als sie den Isaak bekam, Hanna bekam als alte Frau den Samuel. Anna empfing die Maria. An ihnen allen hatte Gott sich als machtvoll erwiesen. Und so wurde auch Maria schwanger, und das ohne Zutun eines Mannes …

6
Die Verkündigung an Maria

Wie ist das zugegangen? Die biblische Geschichte von der Verkündigung an Maria durch den Engel Gabriel wird in einem der apokryphen Evangelien poetisch angereichert. Dieses *Protevangelium des Jacobus* stammt etwa aus der Mitte des 2. Jahrhunderts und hat schon früh eine große Verbreitung gefunden, sicher auch darum, weil es die Legenden um Maria sammelte und ausgeschmückt weitererzählte.

Die Priester des Tempels in Jerusalem haben bei einer Beratung den Beschluss gefasst, einen Vorhang für den Tempel des Herrn anfertigen zu lassen. Er sollte – nach dem jüdischen Historiker Flavius Josephus – ein Abbild des Kosmos sein. Naturphilosophen der antiken Welt haben die Natur, ja die ganze Welt, als „ein schönes Gewebe Gottes" betrachtet. Spinnen und Weben ist eine Kunst, Loses fest zu verknüpfen und Unzusammenhängendes in Verbindung zu bringen. Das Rohmaterial, Seide und Wolle, wird durch das Drehen einer Spindel zu Garn gemacht. Dem Gestaltlosen wird Gestalt gegeben, es ist ein schöpferischer Prozess mit hohem symbolischen Gehalt … Auch griechische Philosophen sollen beim Zusammenknüpfen ihrer Gedankenstränge ihre Spindeln gedreht haben. In einem alten Hymnus über Maria heißt es, sie werde „Unversöhnliches versöhnen“, weil sich in ihr Himmel und Erde neu verbinden, weil „in ihr der Gottheit ein Kleid gewoben“ sei. Die apokryphe Erzählung bindet Maria ein in die Naturphilosophie der alten Welt. Das einfache Mädchen vom Land wird in den Umkreis des Tempels gebracht und in die Kultur einer Symbolik des Spinnens und Webens einbezogen.

Noch erstaunlicher ist eine andere Veränderung am spärlichen biblischen Material, die Jacobus vornimmt. Die Priester in seinem Protevangelium suchten sich sieben unbefleckte Jungfrauen, die aus dem

Hause Davids stammten, darunter auch das Mädchen Maria. Im Tempel wurde dann verlost, welche Mädchen welche Farben und Materialien bekamen. „Und auf Maria fiel das Los ‚echter Purpur' und ‚Scharlach'." Beides waren seltene Kostbarkeiten, nur Königen und Göttern anvertraut.

Maria nahm den Scharlach, ging nach Hause und spann. Und sie nahm den Krug und ging hinaus, um Wasser zu schöpfen, und siehe eine Stimme sprach „Sei gegrüßt, du Begnadete unter den Weibern." Und sie schaute sich nach rechts und links um, woher diese Stimme komme. Und sie erbebte, ging in ihr Haus, stellte den Krug ab, nahm den Purpur und spann ihn aus. Und siehe, ein Engel des Herrn stand plötzlich vor ihr und sprach: „Fürchte dich nicht, Maria; denn du hast Gnade gefunden vor dem Allmächtigen und wirst aus seinem Wort empfangen." Als sie das hörte, zweifelte sie bei sich selbst und sprach: „Ich sollte empfangen vom Herrn, dem lebendigen Gott, und gebären, wie jedes Weib gebiert?"

Dann folgt die Geschichte wieder dem biblischen Bericht aus Lukas 1. Neu ist in dieser apokryphen Version, dass Gruß und Botschaft des Engels hier getrennt werden. Der Fluss der Erzählung wird verlangsamt, indem zuerst nur die Stimme des Unsichtbaren erklingt. Marias Erstaunen und Schrecken gewinnen Raum, und indem ihr Zweifel erst im suchenden Umherschauen, dann unmittelbar benannt wird, wird sie selber menschlicher, ist sie nicht nur das stumme Gefäß, das bereitwillig aufnimmt, was ihr vorgegeben wurde. Auf manchen Bildern wehrt sie sich mit einer abwehrenden Geste der Hand und einer zurückweichenden Körperhaltung. Erst nach einem Zögern willigt Maria ein und spricht ihr Ja:

„Siehe, ich bin die Magd des Herrn vor ihm; mir geschehe nach seinem Wort.“ Und sie machte den Purpur und den Scharlach fertig und brachte sie zum Priester. Und der Priester nahm sie und segnete Maria.

Eigenartigerweise hat Maria in diesem apokryphen Bericht, als sie dann Elisabet besucht, die Verkündigung des Erzengels ganz vergessen. Es heißt da: „Maria aber hatte die Geheimnisse längst vergessen, von denen der Erzengel Gabriel ihr gesprochen hatte, und blickte auf zum Himmel und sprach: ‚Wer bin ich, Herr, dass alle Geschlechter der Erde mir Segen wünschen?'" Sie staunt, sie wundert sich und scheint nicht zu wissen, was mit ihr geschehen ist.

Im sechsten Monat wurde der Engel Gabriel von Gott in eine Stadt in Galiläa namens Nazaret zu einer Jungfrau gesandt, die mit einem Mann namens Josef aus dem Haus Davids verlobt war. Der Name der Jungfrau war Maria. Er trat bei ihr ein und sagte: Sei gegrüßt, du Begnadete, der Herr ist mit dir.
Sie erschrak über das Wort und sann nach, was dieser Gruß bedeuten solle.
Der Engel sagte zu ihr: Fürchte dich nicht, Maria; denn du hast bei Gott Gnade gefunden. Du wirst ein Kind empfangen, einen Sohn wirst du gebären; ihm sollst du den Namen Jesus geben. Er wird groß sein und Sohn des Höchsten genannt werden. Gott, der Herr wird ihm den Thron seines Vaters David geben. Er wird herrschen über das Haus Jakob in Ewigkeit und seine Herrschaft wird kein Ende haben.
Maria sagte zu dem Engel: Wie soll dies geschehen, da ich keinen Mann erkennen?
Der Engel antwortete ihr: Heiliger Geist wird über dich kommen und Kraft des Höchsten wird dich überschatten. Deshalb wird auch das Kind heilig und Sohn Gottes genannt werden. Auch Elisabet, deine Verwandte,

hat noch einen Sohn empfangen in ihrem Alter, und dies ist schon der sechste Monat für sie, die als unfruchtbar galt. Denn für Gott ist nichts unmöglich. Da sagte Maria: Ich bin die Magd des Herrn; mir geschehe nach deinem Wort.

LUKAS 1,26–38

Heute erzählt

Soweit die antike Geschichte. Könnte es nicht auch ganz anders gewesen sein? Könnte der Engel, hörbar zwar innen, unsichtbar bleiben? Könnten seine Worte, einmal gehört, dann wieder zurücktreten und vergessen sein? Und bliebe das Wunder der Geburt nicht ebenso Gottes Handeln?

Maria war damals schon verlobt mit Josef, der aus Betlehem stammte; sie lebte aber, wie es Sitte war, noch im Haus ihrer Eltern. Es ging ihr so, wie es vielen Frauen geht, bis auf den heutigen Tag; sie wartete, sie rechnete die Tage nach, kann doch gar nicht sein, dachte sie vielleicht, es müsste doch noch kommen, sie wartete. Und dann machte sie sich auf den Weg zu Elisabet, dieser älteren Freundin, vielleicht, weil man mit der eigenen Mutter über die wichtigsten Sachen nicht immer reden kann. Und so lief sie einfach fort aus Nazaret, haute ab von zu Hause; vielleicht nahm sie jemand ein Stück auf dem Esel mit, es ging etwa 120 Kilometer durchs Gebirge, sie fragte sich durch zu der alten Verwandten, der mütterlichen Freundin.

Wir wissen nicht, was sie gedacht hat, aber Gedanken und Fragen von anderen Frauen, auch heute lebenden, begleiten sie auf diesem langen Weg.

Maria, um wen hast du dir Sorgen gemacht?
Maria, wieso warst du in Hoffnung?
Maria, warum hast du nicht abgetrieben?

Wir machen uns Sorgen ums Fortkommen
Wir sind ohne Hoffnung
auch wenn wir in Hoffnung sind
Wir treiben die Freude ab mit dem Schmerz

Maria, um wen hast du dir Sorgen gemacht?
Maria, warum hast du nicht abgetrieben?
Maria, wieso warst du in Hoffnung
in einer Welt ohne Hoffnung?

7
Eine Mariologie von unten

Die von Männern artikulierte christliche Theologie hat die Virginität oft zur Hauptsache gemacht, als sei sie die alleinige Bedingung für Marias In-Gott-Sein. Sie hat damit Maria von den anderen Frauen, auch ihren Vormüttern der Bibel, getrennt und versucht, alles Irdisch-Realistische auszuschließen. So entstand die Lehre, sie habe keine Schmerzen bei der Geburt empfunden, weil sie ja von der Erbsünde und von dem Fluch, der seither über den gebärenden Frauen liegt, ausgenommen sei. Aber auch so einfache natürliche Züge wie das von Salvador Dali gemalte Motiv, dass die sanfte Maria das unerträglich plärrende Kind auf den Hintern schlägt, sind für die theologische Korrektheit anstößig! Diese hat zugleich ein Frauenbild – und eine Anthropologie – aufgebaut, die die Rollen der Geschlechter polarisiert und festschreibt: aktives Handeln gegen passives Geschehenlassen, Macht gegen Güte,

Seht, die junge Frau / Jungfrau wird einen Sohn gebären und ihm den Namen Immanuel geben.

JESAJA 7,14

Gerechtigkeit gegen Barmherzigkeit, Autonomie gegen Hinnahme, Selbstbewusstsein gegen Demut.

Aber Gott sei Dank wurde die Theologie im Abendland nicht nur von den Theologen gemacht! Die Geschichte der Frömmigkeit und ihre Ausdrucksformen in Kunst, Literatur und Musik sprechen eine ganz andere Sprache. Sie suchen eine Mariologie von unten. Das Volk hat sich in seiner Liebe zu Maria nicht an die Regeln gehalten, die männlich-hierarchischer Wille zur Macht setzte, es hat sie ständig durchbrochen, umspielt und verändert. Nicht, um Maria – wie oft von der misstrauischen Hierarchie befürchtet – herabzuziehen, wohl aber um sie näher an die realen Menschen und ihre Bedürfnisse zu bringen.

Berühmt ist die Legende, wie Maria einer Nonne, die schwanger geworden war, beistand. Sie stellte sich singend im Chorgebet so lange an ihre Stelle und vertrat die Hochschwangere, bis diese nach Geburt und Stillzeit ihren Dienst wieder versehen konnte. Marias Eintreten geschah, ohne dass die Oberin im Kloster etwas bemerkt hätte … Im späten Mittelalter stiftete ein Imker der allerreinsten Jungfrau ein Pfund Wachs, damit sie ihm seine Manneskraft zurückgebe … In Polen wird eine Geschichte erzählt von einem Räuber, der aufgehängt werden sollte und zu Maria betete. Die Muttergottes stellte sich drei Tage und drei Nächte unter den Galgen und stützte dem Kriminellen die Füße, unsichtbar natürlich. Er stellte sich tot, und als er abgeschnitten wurde, sprang er davon, ein Ave Maria auf den Lippen.

Die wichtigsten Rollen der Maria in der Volksfrömmigkeit sind die der tatkräftig einschreitenden Hilfe und der Fürbitte, der Fürsprache, ja des Einspruchs. Weil sie selber Mutter ist, ist das mütterliche Verstehen in ihr und die Annäherung an sie viel leichter als an den oft als rigoros gefürchteten Gott. In vielen Bildern und Skulpturen breitet Maria einen riesigen Mantel über eine große Menschenmenge. Ihr Körper ist größer als der aller anderen, sie tritt auf als „Große Mutter“, die alle ihre Nachkommen – Alte und Jugendliche, Erwachsene und Kinder – umsorgt und verteidigt. In ihrer Nähe ist man sicher, frei von Bedrohungen und Gefahren des alltäglichen Lebens. Gott sendet die Blitze seines Zorns vom Himmel, aber die Jungfrau breitet ihren großen Schutzmantel aus und verbirgt die kleinen Menschen vor dem Zornesgericht Gottes. Die Leute haben gern geglaubt, dass Jesus – der Richter im Endgericht – seiner Mutter nichts abschlagen könne.

So hat die Volksfrömmigkeit die theologische Korrektheit der demütigen Jungfrau und ihres „Mir geschehe, wie du gesagt hast“ immer wieder unterlaufen. Die Maria der Bibel und der lebendigen Frömmigkeit hat nicht nur „Fiat“ gesagt, sondern auch „magnificat anima mea Dominum“, „meine Seele preist die Größe des Herrn“. Sie war nicht nur das kopfnickende kleine Mädchen, das oft aus ihr gemacht worden ist! Demütig zu allem Ja zu sagen, was von oben kommt, ist ein patriarchales, nicht ein biblisches Ideal.

Maria hat Gabriel, den Engel der Verkündigung gefragt, wie er sich das denn vorstelle, und sie hörte zu, aufmerksam und nachdenklich. Sie war ja um Mitarbeit gebeten worden an der Befreiung, auf die das Volk Gottes schon so lange wartete. Das Fiat der Einwilligung ist nur die Hälfte der Geschichte! Maria machte sich auf den Weg, eilig, sie wollte nicht allein sein, sie brauchte die Freundin, eine, die auch in diese rätselhaften Geschichten verstrickt war, genau wie sie, die auch ein Kind erwartete.

8
Eine Begegnung zwischen zwei Frauen

Elisabet, die Frau des Zacharias, stand vor der Tür, als hätte sie Maria erwartet. Und dann geschahen zwei Dinge, die so nur Frauen erleben können. Das eine betraf Elisabet, die damals im sechsten Monat war. Als sie Marias Stimme hörte, da hüpfte das Kind, das später Johannes heißen sollte, in ihrem Leibe, und Elisabet, die alte Frau, wusste sich nicht zu halten vor Glück. Sie weinte und lachte in einem. Sie wusste sofort, was los war, und sie segnete Maria und das Kind in ihr. Etwas war an den beiden geschehen, an einer sehr alten und einer sehr jungen Frau, beide einbezogen in diese Geschichte der Befreiung.

Das andere war, dass Maria anfing zu singen, mit alten Worten, die Hanna vor ihr gesungen hatte, und mit neuen, die sie mit einem Mal wusste. Es war

Maria machte sich in diesen Tagen auf und eilte in eine Stadt im Gebirge von Judäa. Sie trat in das Haus des Zacharias und begrüßte Elisabet. Als Elisabet den Gruß Marias hörte, hüpfte das Kind in ihrem Leib; Elisabet wurde vom Heiligen Geist erfüllt und rief mit lauter Stimme: Gesegnet bis du unter den Frauen und gesegnet ist die Frucht deines Leibes! Woher wird mir dies zuteil, dass die Mutter meines Herrn zu mir kommt? Denn als der Klang deines Grußes in mein Ohr drang, hüpfte das Kind vor Freude in meinem Leib. Selig, die geglaubt hat, dass sich erfüllt, was ihr vom Herrn gesagt wurde. ...
Und Maria blieb ungefähr drei Monate bei ihr und kehrte dann in ihr Haus zurück.

LUKAS 1,39–45.56

Maria, die sang, aber es war auch ihr Volk, das sang und schon so lange, so quälend lange gesungen und gewartet hatte. Tradition und Revolution sind in diesem Lied aus Lukas 1 eins, es ist ein Danklied, und es tut das, was alle wirkliche Frömmigkeit immer tut: Es lobt Gott. Es sagt Ja zum Leben, zum Glück und zu den Schmerzen. Es sagt Nein zur Unterdrückung und zum Hunger. Maria war sanft und kämpferisch in einem, indem sie dieses Lied sang. Es ist eine Antwort auf das, was Gott an Maria tut, und in der Antwort „vergrößert" (magnificat) sie den, der ihr das vorhergehende Wort der Verkündigung gesandt hat. Vielleicht ist es richtiger zu sagen: Es war nicht Maria, die sang; es war Gott, und er sang mit Marias Mund. Es war die Musik der Welt, die in uns ist und doch nicht von uns kommt.

Meine Seele erhebt den Herrn
und mein Geist freut sich Gottes meines Heilands
Meine Seele sieht das Land der Freiheit
und mein Geist wird aus der Verängstigung
herauskommen

Die leeren Gesichter der Frauen
werden mit Leben erfüllt
und sie werden Menschen werden
von Generationen vor uns,
den geopferten, erwartet
Gott hat große Dinge an mir getan
er stößt die Gewaltigen von ihren Thronen
und die Getretenen richtet er auf
Barmherzigkeit wird erscheinen
wenn die Abhängigen das vertane Leben aufgeben
und lernen selber zu leben
Hungrige hat er mit Gütern gefüllt
und die Reichen leer weggeschickt
Frauen werden in den Parlamenten entscheiden
und die Sucht nach Herrschaft wird leer bleiben
Ihre Ängste werden gegenstandslos werden
und die Ausbeutung ein Ende haben
Meine Seele erhebt den Herrn
und mein Geist frohlockt über Gott meinen Retter.

Maria blieb drei Monate bei Elisabet. Das ist die Zeit, die eine Frau braucht, um Ja sagen zu können zu dem Neuen. Nicht mehr allein sein, nicht mehr nur für mich verantwortlich. Das Neue, das Unbekannte wuchs und veränderte den eigenen Rhythmus, die eigene Zukunft. Was sich gewehrt hatte in ihr, mit Würgen und Brechen am Morgen, das verstummte und sagte auch Ja. Wie viele Frauen, so ist auch Maria schöner geworden in der Schwangerschaft, körperlich, geistig und seelisch verändert in diesen Monaten im Gebirge bei Elisabet.

9
Von Nazaret nach Betlehem

Dann war sie stark genug, zurückzugehen in das Dorf, in den Klatsch, in die Schwierigkeiten, die auf sie warteten. Die Schwangerschaft gab Anlass zu allerlei Verdächtigungen. Im Dorf wunderten sich die Leute, was Maria denn drei Monate lang im Süden gemacht hätte. Wirklich nur die alten Verwandten besucht? Später wurde unter den Heiden erzählt, sie habe etwas mit einem römischen Hauptmann namens Pandera (Panther) gehabt, und aus diesem Fehltritt stamme der Nichtsnutz Jesus! Als Josef wegen der Volkszählung nach Betlehem ging, hätte sie auch zu Hause bleiben können, aber Maria zog es vor, eher mit ihm zu gehen, als das Gerede länger zu ertragen.

Alle Untertanen des Kaisers im fernen Rom mussten sich in Steuerlisten eintragen. Es war eine neue Maßnahme des Imperiums, das seine leeren Kriegskassen füllen musste.

Am Sabbat begann er, in der Synagoge zu lehren, und die Menge, die ihm zuhörte, staunte und sagte: Woher hat er das? Was ist das für eine Weisheit, die ihm gegeben ist? Und solche Machttaten geschehen durch sein Hände? Ist das nicht der Zimmermann, der Sohn der Maria und der Bruder von Jakobus, Joses, Judas und Simon? Sind nicht seine Schwestern hier bei uns? Und sie nahmen Anstoß an ihm.

MARKUS 6,2–3

„Und diese Schätzung war die allererste und geschah, als Cyrenius Landpfleger zu Syrien war“, so wundert sich der Evangelist (Lukas 2,2), als wollte er sagen: So etwas hatten wir noch nie! Eine riesige Bürokratie zwang zum Verreisen, zuständig war für die beiden Verlobten das Amt in einer anderen Stadt. Papiere und Stempel waren nötig, sie brauchten eine Arbeitserlaubnis, die aber nur gegeben wurde, wenn man einen festen Wohnsitz nachweisen konnte. Vielleicht lässt sich die Herbergssuche, die oft nachgespielt worden ist, heute so vergegenwärtigen …

In jenen Tagen erging ein Erlass des Kaisers Augustus, den ganzen Erdkreis (in Steuerlisten) einzutragen. Diese Aufzeichnung war die erste und geschah, als Quirinius Statthalter von Syrien war. Alle gingen hin, sich eintragen zu lassen, ein jeder in seine Stadt. Auch Josef zog von der Stadt Nazaret in Galiläa hinauf nach Judäa in die Stadt Davids, die Betlehem heißt, Denn er war aus dem Haus und Geschlecht Davids. Er wollte sich mit Maria eintragen lassen, seiner Verlobten, die schwanger war. Während sie dort waren, kam für Maria die Zeit ihrer Niederkunft, und sie gebar ihren Sohn, den Erstgeborenen, wickelte ihn in Windeln und legte ihn in eine Krippe, weil in der Herberge für sie kein Platz war.

LUKAS 2,1–7

Heute erzählt

Es waren die letzten Tage vor der Geburt, und Maria ging von Amt zu Amt, Gebäude X, Zimmernummer XYZ, und dann längeres Warten auf den Beamten, der dann doch nicht zuständig ist, dann Papiere ausfüllen, auf denen immer erst Vater oder Ehemann steht und immer eine Unterschrift verlangt wird, die Maria, ledig, wohnungssuchend, schwanger, arbeitslos, nicht leisten konnte ... Irgendwann fingen dann die Wehen an, und sie schleppte sich in ein leerstehendes, abbruchreifes Haus; es war dunkel, ein Straßenköter hatte sich auch dahin verirrt und blieb bei ihr.

Wie das bei Erstgebärenden so geht, es dauerte lang. Maria hat sich erbrechen müssen auf der aufgequollenen und stinkenden Matratze, die da herumlag. Die ganze Nacht war Krach von der Autowerkstatt nebenan. Josef schlurfte herum, mürrisch und mitleidig zugleich. Eine Decke hatte er aufgetrieben und sogar einen Eimer lauwarmes Wasser, um das Kind zu waschen. Er hat für beide gesorgt, die ganze Zeit. Er war unruhig; mit einem Ohr horchte er, ob nicht der Besitzer des verlassenen Hauses käme oder die Polizei wegen Hausbesetzung.

Aber dann passierte stattdessen etwas sehr Schönes. Irgendwie hatte sich die Schwangerschaft des jungen Mädchens doch herumgesprochen, und ein paar Leute kamen vorbei, die die Sache mit der Arbeitserlaubnis und der Wohnberechtigung und mit der Angst vor Abschiebung ganz gut kannten. Sie schauten mal nach, wie's geht, und mitgebracht hatten auch alle etwas. Es waren mit einem Mal so viele da, dass man sie nicht einfach hinauswerfen konnte; plötzlich war der vergammelte Raum voller Leute und viel wärmer, hell wurde es, ein Feuer im Ofen angemacht, und Musik, Rock aus dem Taschenradio, das einer der Jungen mitgebracht hat, ging los. Leute, die vorübergingen, fragten: Ist das schon wieder eine Demonstration? Ja, für ein Baby, riefen die Demonstranten. Und die alleinstehende

Mutter lachte und freute sich über den Köter und die vielen Freunde, manche leicht alkoholisiert, über die Musik und die Wärme und vor allem über das Kind, das uneheliche, aber wen interessiert das schon, über das gesunde, das krähende Kind.

Maria, wie war das mit Josef?
Maria, wer war da der Boss?
Maria, wie habt ihr zusammengelebt,
wieso wart ihr nie allein?

Wir träumen von unsern Inseln
wir hoffen auf kleinen Frieden
wir teilen die Liebe nicht mit den anderen –
und daran geht sie ein

Maria, wie war das mit Josef?
Maria, wer war da der Boss?
Maria, wie habt ihr zusammengelebt,
wieso wart ihr nie allein
in dieser fremden Stadt
ohne Arbeit und ohne Zuhaus?

10

Kinderglück und Kindermord

Später haben Maria und Josef ihren Sohn dann in den Tempel gebracht, und ein weiser alter Mann hatte wohl schon auf sie gewartet. Simeon nahm das Kind in seine Arme und lobte Gott. Dann wandte er sich zu Maria und murmelte etwas, das sie damals nicht ganz verstand, von Menschen, die durch ihren Sohn Jesus „zu Fall kommen“ und anderen, die durch ihn „aufgerichtet“ werden sollten. „Und es wird ein Schwert durch deine Seele dringen“, sagte er zu Maria (Lukas 2,35).

Viele Schwerter, so hat die Tradition es gedeutet. Kurz nach der Geburt schon mussten Maria und Josef mit dem Baby vor den Mördersoldaten des Königs Herodes fliehen und Asyl suchen in Ägypten. Herodes, ein römischer Kollaborateur, fürchtete um seine Herrschaft, um seine Macht, und so ließ er vorsorglich alle Säuglinge und Kleinkinder unter zwei

Darauf befahl der König von Ägypten den Hebammen der Hebräerinnen ... und sprach: Wenn ihr den Hebräerinnen Geburtshilfe leistet, dann achtet auf die beiden Steine. Ist es ein Knabe, so tötet ihn; ist es ein Mädchen, so mag es am Leben bleiben. Doch die Hebammen fürchteten Gott und taten nicht, was ihnen der König von Ägypten befohlen hatte, sondern ließen die Knaben am Leben ...

Weil die Hebammen Gott fürchteten, schenke er ihnen Nachkommen. Da gab der Pharao seinem ganzen Volk den Befehl: Werft alle Knaben, die den Hebräern geboren werden, in den Fluss; die Mädchen aber lasst am Leben.

EXODUS 1,15–17.21–22

Jahren beseitigen. Der Kindermord zu Betlehem deutet das, was später in Jerusalem geschehen wird, voraus. Der Mord an Unschuldigen, unter denen der Messias, der das Reich der Gerechtigkeit bringen soll, vermutet wird, gehört in die heilige Geschichte vom trauten Paar mit hinein. Alle Weihnachtsromantik kann die reale politische Bedrohung des Lebens nicht wegzaubern. Eine Idylle des gewaltfreien glücklichen Lebens hat es eigentlich für Maria nicht gegeben. Vielleicht ist sie darum so sehr die schützende oder wenigstens tröstende Mutter all derer, die unter Gewalt – der Kriege, der Wirtschaft, der Krankheiten und der Vergewaltigungen – zu leiden haben.

Einfach war es auch sonst nicht gerade mit dem Kind Jesus. Ein heiteres Kind soll er gewesen sein, jedenfalls bis er zur Schule musste. Mit den Lehrern, die immer wiederholten „Ihr habt gehört, was zu den Alten gesagt worden ist", konnte er wohl nicht viel anfangen. Wenn er sein „Aber ich sage" dagegensetzte, wurde ihm vorgeworfen, widerspenstig,

Damals lebte in Jerusalem ein Mann namens Simeon. Er war gerecht und gottesfürchtig und wartete auf den Trost Israels und der Heilige Geist ruhte auf ihm. Ihm war vom Heiligen Geist offenbart worden, er werde den Tod nicht schauen, bevor er den Messias des Herrn gesehen habe. Er kam vom Geist getrieben in den Tempel und als die Eltern das Kind Jesus hereinbrachten, um nach dem Brauch des Gesetzes an ihm zu tun, nahm er es in seine Arme und lobte Gott: Nun entlässt du deinen Diener, Herr, nach deinem Wort in Frieden; denn meine Augen haben dein Heil gesehen, das du vor allen Völkern bereitet hast, ein Licht zur Offenbarung für die Heiden und als Herrlichkeit für dein Volk Israel.
Sein Vater und seine Mutter wunderten sich über das, was von ihm gesagt wurde. Und Simeon segnete sie und sagte zu Maria, seiner Mutter: Dieser ist gesetzt zu Fall und Aufstehen vieler in Israel und zu einem Zeichen, dem widersprochen wird – auch deine eigene Seele wird ein Schwert durchdringen –, auf dass die Gedanken aus vielen Herzen offenbar werden.

LUKAS 2,25–35

aufsässig oder störrisch zu sein. Eine Darstellung aus der Frauenkirche in Nürnberg zeigt Maria mit verdrossenem Gesicht, wie sie, ein Flachsbündel über die Schulter gelegt, ihren Sohn Jesus fest am Unterarm packt, um ihn zur Schule zu bringen. Das Kind, bärtig-alt und kindergroß zugleich, lässt sich zerren, vielleicht weil es alles, was es im Lehrhaus zu lernen gibt, schon kennt.

So spricht der Herr: Horch! In Rama hört man Klagen und bitteres Weinen: Rahel beweint ihre Kinder, will sich nicht trösten lassen – ihre Kinder, denn sie sind nicht mehr.
So spricht der Herr: Verwehre deiner Stimme das Klagen und deinen Augen die Tränen! Denn es gibt einen Lohn für deine Mühe – Spruch des Herrn: Sie kommen heim aus dem Feindesland. Ja, es gibt eine Hoffnung für deine Nachkommen – Spruch des Herrn: Die Kinder kehren in ihre Heimat zurück.

JEREMIA 31,15–17

11

Nachbarschaft und Familie

Mit zwölf Jahren lief Jesus seinen Eltern weg, trieb sich drei Tage im Tempel herum und wunderte sich noch darüber, dass die Angehörigen, voller Sorge und Angst, „Ab, marsch nach Hause!“ kommandierten. Zum Gehorsam gegen Regeln und Vorschriften war Jesus nicht gerade geboren! „Weib, was hab ich mit dir zu schaffen?“ (Johannes 2,4) – so fauchte er seine Mutter an, bei der ersten besten Gelegenheit und in aller Öffentlichkeit während eines Hochzeitsfestes. In die Dorfgemeinschaft von Nazaret passte er nicht mehr hinein. Als er aus der Wüste zurückkam und in der Synagoge die Schriftrolle vorlas, die von den Misshandelten, die in Freiheit kommen, handelt, gerieten die Leute in Nazaret in Wut, weil Jesus nur im Nachbardorf Kranke geheilt hatte, nicht in der Heimatgemeinde. Sie wollten ihn lynchen und vom Bergabhang hinunterstürzen.

Seine Eltern zogen jedes Jahr am Paschafest nach Jerusalem. Als er zwölf Jahre alt war, gingen sie der Festsitte gemäß wieder hinauf. Als die Tage vorüber waren und sie heimkehrten, blieb der Junge Jesus in Jerusalem und seine Eltern wussten es nicht. In der Meinung, er sei bei der Pilgergruppe, gingen sie eine Tagesreise weit und suchten ihn unter den Verwandten und Bekannten. Als sie ihn nicht fanden, kehrten sie nach Jerusalem zurück und suchten ihn dort. Nach drei Tagen fanden sie ihn im Tempel, wie er mitten unter den Lehrern saß, ihnen zuhörte und Fragen stellte. Alle, die ihn hörten, staunten über seine Einsicht und über seine Antworten. Als seine Eltern ihn sahen, waren sie fassungslos, und seine Mutter sagte zu ihm: Kind, warum hast du uns das angetan? Dein Vater und ich haben dich mit Schmerzen gesucht. Da sagte er zu ihnen: Warum habt ihr mich gesucht? Wusstet ihr nicht, dass ich in dem sein muss, was meinem Vater gehört? Doch sie verstanden nicht, was er damit meinte.

LUKAS 2,41–50

Damals ist es noch gut gegangen, er ging mitten durch sie hindurch und verließ die Heimat. Aber was muss das für Maria bedeutet haben!

Mit der Familie hatte der Jesus der Evangelien nie viel im Sinn. „Wer ist schon meine Mutter, was soll das mit den Geschwistern?", hat er ironisch genug gefragt (vgl. Matthäus 12,47–50). Das muss Maria wehgetan haben, weil sie es damals nicht verstand: diese Kritik an der Blutszusammengehörigkeit und erst recht nicht diesen Zusammenhalt unter denen, die mit ihrem Sohn herumzogen. Diese Bande nannte man später „familia Dei" – die, die durch Glauben und eine andere Lebenspraxis zusammengehörten. Obdachlose, ledige Frauen, Fischer ohne Netz und Boot, alte Bettlerinnen – das waren die Leute, die sich mit dem Nazarener herumtrieben. Kein vernünftiger Mensch dabei! Ohne Arbeit, ohne Geld, ohne Familie, ohne festen Wohnsitz. Es hat lange gedauert, bis Maria so geworden ist wie die Jüngerinnen und Jünger der Jesusbewegung. Bis sie wusste, wohin sie gehörte.

Nirgends gilt ein Prophet weniger als in seiner Vaterstadt, bei seinen Verwandten und in seinem Haus.

MARKUS 6,4

Während er noch zu den Volksscharen redete, standen seine Mutter und seine Brüder draußen und wollten mit ihm sprechen. Da sagte jemand zu ihm: Deine Mutter und deine Brüder stehen draußen und wollen mir dir sprechen. Er aber antwortete dem, der es ihm mitteilte: Wer ist meine Mutter und wer sind meine Brüder? Und er streckte die Hand über seine Jünger aus und sagte: Das sind meine Mutter und meine Brüder. Denn jeder, der den Willen meines Vaters im Himmel tut, der ist mir Bruder und Schwester und Mutter.

MATTHÄUS 12,46–50

12

Die Mutter unter dem Kreuz

Das Schwert, das durch die Seele dringt – daran hat Maria dreißig Jahre später zurückgedacht, als sie auf dem Schandhügel stand, außerhalb der Stadt, dort, wo die Verbrecher hingerichtet werden. Um sie herum gaffende Zuschauer und römische Soldaten, die ihre Witze rissen. Maria hatte die Nacht über vor dem Regierungspalais gestanden, um zu erfahren, was sie mit ihm vorhatten. Sie konnte das Gegröle hören und das Klatschen von Geißeln. Ach, dachte sie, wie so viele Mütter der Verschwundenen und der Lager, hätten sie doch *mich* bespuckt und gedemütigt! Hätten sie doch *mein* Leben genommen, dass ich nicht dabeistehen muss, während er, den ich zum Leben geboren habe, zu Tode gefoltert wird! In dieser Nacht in Jerusalem war Maria sehr allein; die Männer, seine Freunde, waren alle geflohen, und die Frauen trafen sich erst unter dem Kreuz wieder.

Bei dem Kreuz Jesu standen aber seine Mutter und die Schwester seiner Mutter, Maria, die Frau des Klopas, und Maria von Magdala. Als Jesus die Mutter und den Jünger, den er liebte, dastehen sah, sagte er zur Mutter: Frau, da ist dein Sohn! Dann sagt er zu dem Jünger: Da ist deine Mutter! Und von jener Stunde an nahm sie der Jünger zu sich.

JOHANNES 19,25–27

Maria hat nicht geweint wie Maria Magdalena, sie war versteinert. Die Gottesmutter wusste, genau wie ihr Sohn, nur zu fragen: „Mein Gott, warum? Warum hast du uns verlassen? War denn alles umsonst?“ Losgeworden ist sie diese Frage nicht in ihrem Leben. Man hat diese Geschichte später „die Passion“ genannt, ein Begriff, der Leidenschaft und Schmerz zusammendenkt. Vielleicht war Marias Liebe nie größer als in diesen Stunden unter dem Foltergalgen.

Maler haben sie manchmal dargestellt als noch junge Frau mit dem Kind auf dem Arm, die all das schon sieht, was geschehen wird: Blut, Dornen, Kreuz. Vielleicht hat sie es wirklich schon als Mädchen gewusst, dass die Liebe erst ganz wird in dem furchtbaren Dunkel Gottes.

Maria, was weißt du von den Gestörten?
Maria, wie ist das mit den Kaputten?
Sag uns, was gibt es gegen den Tod?

Wir haben vergessen,
wie man ins Land der Freiheit kommt
Wir machen uns klein beim Kaputtgehn
so klein, dass uns nichts mehr trifft
und sterben lange vor dem Tod

Maria, was weißt du von den Gestörten?
Maria, wie ist das mit den Kaputten?
Maria, was gibt es gegen den Tod
in einer Welt aus Beton?

13

Die alte Frau und die vielen Namen

Zum Bild Marias gehört auch die alte Frau, die nach der Auferstehung Christi im Kreis der Jünger gelebt und gelehrt hat. Die Apostelgeschichte erzählt, dass Maria nach der Himmelfahrt Jesu bei den Jüngerinnen und Jüngern blieb (Apg 1,14). Sie beteten zusammen, neun Tage lang. Endlich schwand der Geist der Furcht aus ihrer Mitte – und als Frucht des gemeinsamen Gebets mit Maria kam der Heilige Geist auf sie herab. Er machte sie zu neuen Menschen. Sie verloren alle Furcht: Drohungen massiver Art konnten ihnen nichts mehr anhaben (Apg 4,18–21), sowenig wie das, was dann auf sie zukam: Gefängnis und Folter (Apg 5,40). Maria war mit der Urgemeinde zusammen bis an ihr Lebensende, betend und lehrend.

Da kehrten sie von dem Berg, der Öl-Berg heißt und nahe bei Jerusalem liegt, nur einen Sabbatweg entfernt, nach Jerusalem zurück. Als sie hinkamen, gingen sie in das Obergemach hinauf, wo sie sich ständig aufhielten … Sie alle verharrten einmütig im Gebet, zusammen mit den Frauen und Maria, der Mutter Jesu, und mit seinen Brüdern.

APOSTELGESCHICHTE 1,12–14

Immer noch war sie unterwegs für dieses Land der Freiheit, in dem die Hungrigen satt werden. Immer noch eine Arbeiterin für die Befreiung, immer noch das junge Mädchen, das singt vom Ende der Unterdrückung, immer noch die Mutter der Schmerzen, der kein Unglück zu klein oder zu nebensächlich ist, als dass sie sich nicht erbarmte.

Immer weiter hat sie dafür gewirkt, Unversöhntes zu versöhnen. Das zeigt sich in der Geschichte der Marienfrömmigkeit in den vielen heiligen Stätten älterer Kulturen, die einst anderen Göttinnen oder Göttern geweiht waren und vom Christentum übernommen wurden. Auf der Grundlage alter Heiligtümer entstand – im besseren Fall – ein Synkretismus, wie beispielsweise zwischen den großen Gottheiten des alten Mexiko und den Heiligen des Christentums. Maria spielt in diesen Assimilationen die Rolle der Versöhnerin. Die Jungfrau von Guadalupe in Mexico ist eines der schönsten Beispiele für diese Assimilation der Kulturen, in der Maria Altes und Neues verbindet. Sie ist die Verbündete der

Dann erschien ein großes Zeichen am Himmel:
Eine Frau, mit der Sonne bekleidet, unter ihren Füßen der Mond und auf ihrem Haupt ein Kranz von zwölf Sternen.

OFFENBARUNG 12,1

Indianer geworden, sie hat ihre Partei gegen die Unterdrücker ergriffen, und sie hat Nahuatl, die Sprache derer, die von den Kolonialherren verachtet wurden, gesprochen. Die Vision des einfachen indianischen Mannes Juan Diego und das Gespräch, das zwischen der Jungfrau Maria und ihm am 8. Dezember 1531 unweit der Stadt Mexico stattgefunden hat, sind ein ergreifendes Zeugnis solcher Versöhnung. An der Stelle, an der einst Tonantzin, die Göttin-Mutter verehrt wurde, beten die Menschen heute zu Unserer Lieben Frau von Guadalupe, die die Sache der Indianer zu ihrer eigenen gemacht hat. Später hat man Maria manchmal zärtlich „Indianita", kleines Indianermädchen, oder „Morenita", kleine Dunkelhäutige, genannt.

Es ist seltsam, wie die drei Lebensphasen der Maria zusammengehören und immer mehr zusammengewachsen sind: das junge Mädchen, die Mutter der Schmerzen und die alte Frau, gekrönt und leibhaft in den Himmel aufgenommen. Sie lassen sich nicht trennen: Die junge Frau sieht vor sich, was mit ihrem Sohn geschehen wird; die Mutter unter dem Kreuz erinnert sich an das, was der Engel versprochen hatte; und vielleicht sieht sie auch, wie ihr Leben dann in der christlichen Urgemeinde an Gottes Sichtbarwerden Anteil hat. Sie ist eine Lehrerin und eine Trösterin geworden. Sie hat mit Weisheit zugehört, sie hat versöhnt, was zerstritten war, und langsam sind ihr all die Namen zugewachsen, die die Menschen, die in ihr „den Himmel spüren" konnten, ihr schenkten.

Einer bezieht sich darauf, dass sie wie alle armen Mütter ihren Sohn lange gestillt hat. Man nannte sie „Gottesmutter Milchspenderin"; das war in den feudalen Zeiten etwas für die Frauen aus dem Volk. Reiche Frauen stillten ihre Kinder nicht, sie überließen das den Ammen. Maria nannte man auch „Amme des wahren Lebens".

So blieb sie arm und reich, klein und groß, erschrocken und getrost. So, wie wir manchmal in den Gesichtern alter Frauen die Verwunderung, die

Neugier, das Staunen eines jungen Mädchens wiederentdecken, und so, wie – vielleicht noch seltener – in Kindern mitunter eine alte Weisheit hervorleuchtet, so beruht auch die Schönheit vieler Mariendarstellungen auf diesem seltsamen, die Zeit und ihre Ausschließlichkeit transzendierenden Zusammen der weiblichen Lebensphasen. Im Augenblick kann Ewigkeit sein.

Langsam wurde Maria, immer noch junges Mädchen mit dem Staunen des Anfangs, immer noch „mater dolorosa" mit den sieben Schwertern im Herzen, immer noch offen für Gott, zu der Muttergottes, zu Unserer Lieben Frau von der Zuflucht, ohne die wir alle ärmer wären. Niemand innerhalb der christlichen Tradition hat so deutlich, so unmissverständlich ausgedrückt wie sie, was es heißt, zu jeder Zeit, in jeder Situation und für alle Menschen da zu sein. Maria ist die, an die sich alle wenden können, ganz gleich ob sie zu dumm oder zu dick, zu bösartig oder zu irreligiös sind. In der gelehrten Sprache der Theologie hat man das „ontologische

Offenheit" genannt, vollständig offen sein für Gottes Scheinen, für Gottes Licht. Gottes Geist kann sich niederlassen in einer Frau, er findet Wohnung, eine endgültige menschliche Aufnahme in ihr.

Kein Zufall, dass die Kirchenväter eine lange Reihe von Bildern aus der hebräischen Bibel auf Maria angewandt haben. Sie sprechen von ihr als der Arche Noah und der Jakobsleiter, als dem uneinnehmbaren Turm und dem verschlossenen Garten aus dem Hohen Lied Salomos. Sie sehen Maria in der prächtigen Stadt Gottes, Jerusalem, mit ihren Fundamenten auf dem heiligen Berg (Psalm 87,1.3). Sie identifizieren Maria mit der geheiligten Bundeslade (Exodus 25,10) und dem Haus, das die ewigwährende Weisheit für sich selbst gebaut hat (Sprüche 9,1), mit der Weisheit Gottes, die – nach Jesus Sirach 24,3 – aus dem Munde Gottes hervorgeht, vollkommen, schön, von Gott über alles geliebt und für immer vor dem Schatten der Schuld bewahrt. In all diesen Deutungen biblischer Grundsymbole erscheint Maria als „Wohnung Gottes", als reiner und empfänglicher „Ort“, in den Gott eintreten kann und in dem er bleiben will, ohne dass seine Anwesenheit auf Widerspruch oder Widerstand stößt. Es geht um Gottes Präsenz in der irdischen Welt, und das bedeutet: in seinem Volk. Und genau darin stimmt die Theologie, die sich auf uns oft seltsam anmutende Weise der Schrift bedient, mit der Mariologie des Volkes von unten überein: Es gibt nie genug Namen und Bilder für das, was wir lieben.

Seit Jahrhunderten ist die Zahl der Namen für Maria gewachsen, und wo immer sie geliebt wird, da werden ihr neue Namen erfunden; so ist die Liebe eben. Und so nennt die poesievolle Liebe Maria mit tausend Namen: Sie ist „Unsere Liebe Frau der Seefahrer“ ebenso wie „Unsere Liebe Frau von der Freude“. Sie kann die Madonna von der Einsamkeit, von der Verbannung sein, so wie die vom Ausweg und von der Linderung.

Manche meinen, Maria sei Königin des Himmels oder eine geheime Göttin im Christentum. Aber

Marias Sohn hat es nur zu einer Folterkrone aus Dornen und Elektroden gebracht. Eine Gruppe junger Leute, die in London in einem Slum arbeiten, weihte ihr Haus „Unserer Lieben Frau von der Gerechtigkeit". In Brasilien wurde ihr am Ende des zweiten Jahrtausends gern der Name „Maria der Unterdrückten" gegeben. Sie wird „Madonna der Straßenkinder" genannt, und sie ist auch die Mutter der vielen Mädchen, die ihren Namen tragen, halbe Kinder noch, die verschleppt und in Bordelle für Touristen gebracht werden. Sie sterben früh, am Schnüffeln, an Infektionen, an nicht behandelten Krankheiten; aber auch ihre Mutter, ihre Zuhörerin und manchmal ihre Trösterin ist Maria.

Die kleine subversive Madonna, die einmal das Lied von der Befreiung gesungen hat, ist nicht aus Gips und Plastik. In Lateinamerika reitet die Madonna Leona nackt auf einem Löwen, mehr Hexe als Madonna, jedenfalls für unser gezähmtes und korrumpiertes Verständnis von Religion. Vielleicht kommen wir so etwas näher an ein neues, besseres

Bild von dem Mädchen Maria, das auch eine Frau ist; die Frau, die das Mädchen, das sie einmal war, nicht abwürgen muss und Militanz und Barmherzigkeit zusammenbringt als ein Bild der Hoffnung.

Worin liegt ihr Geheimnis? Sie sagt uns, dass die Welt nicht nur die unheilvolle Bühne einer absurden Tragödie ist, in der Sieger und Besiegte immer die Gleichen sind, sondern ein Ort der Hoffnung, die das Leben beschützt und das Unwahrscheinliche, das wir Barmherzigkeit nennen, wahr werden lässt. In Russland gibt es eine „Maria von der Heimholung Adams"; und was wäre notwendiger in der Gegenwart, als Adam, der sich in einer Obsession mit dem Tod in der Maschinenwelt verirrt hat, nach Hause in diese begrenzte und einmalige Schöpfung zu holen? Heilige Mutter Gottes, bitte für uns!

Nachwort

von Fulbert Steffensky

Drei marianische Frömmigkeitswelten kann man aus dem letzten Jahrhundert unterscheiden. Zunächst die traditionale Welt katholischer Volksfrömmigkeit: Was die Jesus-Frömmigkeit einer protestantisch-pietistischen Religion war, war die Marienfrömmigkeit des Katholizismus. Die offizielle Liturgie war in Latein, das die meisten nicht verstanden haben. Diesen leeren liturgischen Sack haben die Leute aufgefüllt mit dem Rosenkranz, auch während der Messe gebetet, mit Maiandachten und mit anderen Mariengebeten. In meiner katholischen Heimat waren die Männer eher distanziert religiösen Traditionen gegenüber. Aber in den Maiandachten mit ihren oft verkitschten Marienliedern waren sie zu Hause. Gott wurde eher in der Ferne verehrt. Aber die Mutter war nah. Sie schien mehr vom Leben zu verstehen als Gott selber. Zu ihr konnte man gehen, ihren „Muttersegen" erbitten, sie verstand etwas vom Schmerz des Lebens.

Dann kam mit der liturgischen Bewegung seit dem Anfang der 20er Jahre und mit ihrem Gipfel im Zweiten Vatikanischen Konzil eine neue Situation:

Die Liturgie wurde muttersprachlich, ihre Texte fand man verstehbar im „Schott“ (Messbuch für Laien). Dies war der große Fortschritt. Die Liturgie war nicht mehr das Geheimwissen der Priester und der Akademiker. Sie wurde Volkssprache, aber sie wurde nicht Sprache des Volkes. Ihre Inhalte waren nicht geboren aus der seufzenden Seele des Volkes. Es waren vom Klerus und von Rom, meistens von Männern zwischen 40 und 80 Jahren verhängte und gebilligte Inhalte. Es war die Volkssprache, aber sie enthielt nicht mehr ohne weiteres die Sehnsüchte des Volkes. So wurde die Liturgiereform zugleich Beheimatung und Entfremdung. Mit ihr schwand die alte Bedeutung marianischer Frömmigkeit. Wer gebildet war, ging mit dem „Schott“ zur Messe und betete keinen Rosenkranz mehr. Die Maiandachten, die einmal das Herzstück der Volksliturgie waren, wurden zu einer „paraliturgischen“ Einrichtung. Ich beklage also nicht den Verlust des Lateins in der Liturgie, es musste so kommen. Wohl beklage ich den Verlust der Stimme des Volkes in der Liturgie, so wenig eindeutig und so verkitscht sie manchmal war.

Es kam eine neue Situation: Die Befreiungstheologie – und die feministische Theologie als ein Fall der Befreiungstheologie – mit ihren Liturgien entdeckte Maria neu. Es waren nicht zuletzt protestantische Befreiungstheologinnen, die sich an Maria erinnerten. Dies ist insofern interessant, als die Mariologie in der evangelischen Kirche keine Tradition hatte. Manchmal ist die Übernahme eines Gedankens oder einer religiösen Praxis möglich, weil sie immer schon im traditionalen Umfeld der Menschen lagen. Manchmal hindert gerade dies die Übernahme einer solchen Praxis. Man kann paradox formulieren: Traditionsbekanntheit kann zum Überdruss an der Tradition führen und damit zum Traditionsverlust. Traditionsfremdheit kann zur Neugier und zur Lust an diesen Traditionen führen.

Dies ist der Fall bei Dorothee Sölle und ihrem Interesse an der Gestalt Mariens. Sie ist groß geworden in einem protestantischen Elternhaus und in evangelischer Tradition, dort war die Mariologie kein theologischer Gegenstand und die Marienverehrung hatte keine Praxis. Und so wendet sie sich unbekümmert jener katholischen Marientradition zu. Nein, zu Maria hat sie nicht gebetet, und sie brauchte Maria nicht, um zu Jesus zu kommen, und Formulierungen wie „Mittlerin aller Gnaden“ hätte sie für blasphemisch gehalten. Sie hat gerne Marienlieder gesungen wie „Meerstern, ich dich grüße“, „Maria durch ein Dornwald ging“ oder das „Salve Regina“. Sie hat natürlich den Rosenkranz nicht gebetet, aber sie hat dieses Gebet gewürdigt. Sie hat aus jener marianischen Tradition spielerisch ausgewählt, und die Hermeneutik ihrer Wahl war die Freiheit und die Würde der Frauen. Man kann natürlich fragen, ob ihre Maria noch die Maria der katholischen Tradition war. Hat sie die Figur, die sie liebte, nicht selber geschaffen?

Es gibt zwei Möglichkeiten, mit der Tradition umzugehen. Die eine: Man rezitiert sie, ist gebannt von ihren Sätzen und verfehlt damit ihren Geist. Wer genau lebt, wie seine Eltern und Großeltern gelebt und gedacht haben, verfehlt den Geist seiner Vorfahren. Darum ist der andere Umgang mit der Tradition die Weiterdichtung des Liedes und des Geistes, der uns überliefert ist. Jede gute Auslegung des Evangeliums dichtet weiter am Evangelium. Jede gute Auslegung Mariens dichtet weiter an Maria. Auslegen heißt, die eigenen Wünsche, Hoffnungen und Seufzer in die alten Bilder, Sätze und Figuren hineinschreiben, wie man in ein Formular seinen Namen und seine Adresse einträgt. Maria ist die interpretierte Maria, das ist nicht neu. Die „Madonna der Spitzbuben" war immer schon schwer zu vereinbaren mit der „Magistra magistrorum" der Universitäten. Damit ist Maria nicht der Willkür ihrer Ausleger unterworfen. Das biblische Zeugnis ist das Korrektiv einer zu wilden Hermeneutik.

Dorothee Sölle hat Maria von unten gelesen. Dass sie sündenlos war, dass sie unbefleckt empfangen war und Königin der Engel ist, hat sie wenig interessiert. Maria war das Landmädchen aus dem Galil; die junge Frau, die, ohne verheiratet zu sein, schwanger wurde; die Schwangere, die bei einer anderen Schwangeren Trost und Hoffnung findet; die Mutter, der das Kind fremd wird, und schließlich die Frau mit dem toten Sohn auf dem Schoß, dieses Bild, das ein einziger Schrei nach Frieden und nach dem Ende der Gewalt ist. Die Muttergottes interpretiert das Schicksal all der Frauen mit ihren toten Kindern und lässt sie nicht ohne Hoffnung. Das Leiden, die Seufzer und die Wünsche dieser Frauen machen das Bild Marias lebendig und befreien es aus dogmatischer Leblosigkeit. Maria heute wird vom Bann ihres Schicksals befreit durch die Maria gestern. Maria gestern bekommt lebendige Gesichtszüge durch die Maria heute. Ihre Schicksale werden ineinander verwoben, wie Dorothee Sölle es tut mit der Erinnerung an jene Maria, die schwanger ist, die keine Papiere, keine Arbeit und keine Wohnung hat und die ihr Kind in einem abbruchreifen Haus gebären muss *(Seite 67–69)*. Die alte Geschichte gibt der neuen Geschichte Hoffnung, die neue Geschichte gibt der alten Geschichte Arbeit. Sie bekommt etwas zu tun, sie muss Wunden verbinden, heilen und trösten.

Wenn es eine Autorin gibt für die Poesie der marianischen Geschichten, dann ist es Dorothee Sölle. Die wundervolle Kargheit und Genauigkeit ihrer Sprache und Bilder lassen alle kirchliche

Geläufigkeit hinter sich. Die Sprache der Männer für die Verehrung Mariens ist oft ein unerträgliches Gesülze. Dorothee Sölle hat ein Formgefühl wie kaum ein religiöser Autor oder eine Autorin. Es ist aber nicht nur ihre formal-ästhetische Kunst. Religiöse Sprache stirbt oft den Tod der Leidenschaftslosigkeit. Dorothee Sölles Unbestechlichkeit und Leidenschaft für das Recht der Armen und für die Würde und die Wunden der Frauen geben ihrer Sprache Feuer. Und so vereinigen sich in ihr Schönheit und Wahrheit, in religiösen Texten ein seltener Fall.

Literatur

Ivonne Gebara / Maria Lucchetti Bingemer:
Maria, Mutter Gottes und Mutter der Armen,
Düsseldorf 1988 (orig. Petropolis 1987).
Helene Hoerni-Jung:
Maria – Bild des Weiblichen, München 1991.
Carlos Mesters:
Maria, Mutter Jesu, Düsseldorf 1985
(orig. Petropolis 1977).
Klaus Schreiner:
Maria. Jungfrau, Mutter, Herrscherin,
München 1994.

Dorothee Sölle verfasste diese Betrachtungen über Maria unter dem Titel *Meine Seele sieht das Land der Freiheit* für Herbert Haag, Joe H. Kirchberger, Dorothee Sölle, Caroline H. Ebertshäuser, *Maria. Kunst, Brauchtum und Religion in Bild und Text,* Freiburg im Breisgau 1997, Neuausgabe 2004.

Dem Text von Dorothee Sölle wurden in dieser Ausgabe einige Zitationen aus der Bibel beigegeben. Ihnen ist als Übersetzung zugrunde gelegt:
Die Bibel. Die Heilige Schrift
des Alten und des Neuen Bundes.
Vollständige deutsche Ausgabe.
DIE BIBEL
© Verlag Herder Freiburg im Breisgau 2005.

Autorin und Autor

Dorothee Sölle

Geboren 1929 in Köln. Nach dem Studium der Theologie, Philosophie und Germanistik Tätigkeit als Lehrerin und freie Mitarbeiterin bei Funk und Fernsehen.
Der Habilitation an der Philosophischen Fakultät Köln (1971) folgte eine Professur für Systematische Theologie am New Yorker *Union Theological Seminary* (1975–1987).
Zu ihren Ehrungen gehören der Ehrendoktor der *Faculté Protestante Paris* (1976), der Droste-Preis für Lyrik (1982), eine Ehrenprofessur der Universität Hamburg (1994) und der Salzburger Landespreis für Zukunftsfragen (1996).
Ihre Kinder Martin, Michaela, Caroline stammen aus der Ehe mit Dietrich Sölle, die Tochter Mirjam aus der Ehe mit Fulbert Steffensky. Dorothee Sölle starb am 27. April 2003 nach ihrer Teilnahme an einer Tagung der evangelischen Akademie Bad Boll in Göppingen.
Veröffentlichungen unter anderen: *Stellvertretung. Ein Kapitel Theologie nach dem „Tode Gottes“* (1965), *Fliegen lernen. Gedichte* (1979), *Lieben und Arbeiten. Eine Theologie der Schöpfung* (1985), *Gott denken. Einführung in die Theologie* (1990), *Gegenwind. Erinnerungen* (1995),

Du stilles Geschrei. Mystik und Widerstand (1997), postum erschien *Mystik des Todes.*
Im Verlag Herder erschien zuletzt *Wo Liebe ist, da ist Gott. Eine Meditation in Texten, Bildern und Musik.* Gesprochen von Fulbert Steffensky und Margot Käßmann. Mit Musik der Grupo Sal, Tübingen. Buch mit Audio-CD und 18 farbigen Abbildungen. Verlag Herder Freiburg im Breisgau 2004.

FULBERT STEFFENSKY
Geboren 1933 in Rehlingen/Saar. Studium der katholischen und evangelischen Theologie, danach Benediktinermönch in der Abtei Maria Laach. 1969 Übertritt zur evangelischen Kirche und Heirat mit Dorothee Sölle; 1969 Gründung des gemeinsamen Arbeitskreises „Politisches Nachtgebet"; bis 1998 Professor für Religionspädagogik am Fachbereich Erziehungswissenschaft der Universität Hamburg.
Veröffentlichungen unter anderen: *Das Haus, das die Träume verwaltet* (1998), *Der alltägliche Charme des Glaubens* (2002), *Feier des Lebens. Spiritualität im Alltag* (2003), *Die zehn Gebote. Anweisungen für das Land der Freiheit* (2003).

Begleiter durch das Jahr

Joachim Wanke und Margot Käßmann: Der katholische Bischof von Erfurt und die evangelische Hannoveraner Landesbischöfin gelten in Kirche und Öffentlichkeit als Vertreter eines profilierten, auf die Gegenwart bezogenen Glaubens. In ihren Beiträgen erschließen beide Bischöfe die biblische Botschaft für heute. Die Monatskapitel bieten zentrale Texte der Evangelien, eingeführt und ausgelegt von dem evangelischen Ordensmann Bruder Franziskus aus der Kommunität Gnadenthal. Die buchkünstlerische Gestaltung mit zwölf Monatsbildern von Andreas Felger lädt zum Verweilen und Betrachten ein.
Alle Bände: Format: 17,0 x 24,0 cm, 176 Seiten mit 12 farbigen Aquarellen, durchgehend vierfarbig, gebunden mit Lesebändchen.

Margot Käßmann / Joachim Wanke (Hg.)
Bei uns alle Tage
Das Matthäusevangelium als Jahresbegleiter
Mit Aquarellen von Andreas Felger
und Auslegungen von Bruder Franziskus Joest
ISBN 3-451-28490-1

Margot Käßmann / Joachim Wanke (Hg.)
Erfüllt ist die Zeit
Das Markusevangelium als Jahresbegleiter
Mit Aquarellen von Andreas Felger
und Auslegungen von Bruder Franziskus Joest
ISBN 3-451-28819-2

Margot Käßmann / Joachim Wanke (Hg.)
Heute seine Stimme hören
Das Lukasevangelium als Jahresbegleiter
Mit Aquarellen von Andreas Felger
und Auslegungen von Bruder Franziskus Joest
ISBN 3-451-28249-6

In jeder Buchhandlung

HERDER

Anselm Grün und Andreas Felger: Die Botschaft der Engel

Anselm Grün / Andreas Felger
Engel – Bilder göttlicher Nähe
Aquarelle und Meditationen
Format: 20,5 x 28,0 cm, 128 Seiten,
vierfarbig, mit 24 Aquarellen,
gebunden mit Schutzumschlag
ISBN 3-451-28538-X
Gemeinsam mit dem
Präsenz-Verlag Gnadenthal

Ein einzigartiges Buch: Anselm Grün hat vierundzwanzig der schönsten Engel-Aquarelle von Andreas Felger ausgewählt und meditative Betrachtungen dazu geschrieben.
Der katholische Benediktinerpater ist der wichtigste Autor, wenn es um die „Wiederentdeckung" der Engel für die christliche Spiritualität geht. Andreas Felger aus der evangelischen Kommunität Gnadenthal ist ein bedeutender zeitgenössischer Maler, der seit über dreißig Jahren die Spuren der Engel gestaltet – in immer neuen künstlerischen Annäherungen.
Für beide, den Autor und den Künstler, steht die Gestalt des Engels für die Vielfalt der Erfahrungen göttlicher Nähe. Engel übersetzen das „Alpha" und „Omega" der Ewigkeit in menschliche Sprache. In geistlicher Betrachtung und in künstlerischer Darstellung gleichermaßen erschließt dieses Buch ihre Botschaft.

In jeder Buchhandlung

HERDER

Dorothee Sölles großer Text über die Liebe – als Buch und CD

Dorothee Sölle

Wo Liebe ist, da ist Gott

Eine Meditation in Texten, Bildern und Musik
Format: 13,5 x 18,5 cm, 48 Seiten, gebunden
mit 19 Abbildungen aus der Kunstgeschichte,
dazu Audio-CD mit Text und Musik
ISBN 3-451-28383-2

In den biblischen Texten erkannte Dorothee Sölle „Liebesgeschichten", in denen menschliche und göttliche Liebe, erotische Zärtlichkeit und geistliche Gottesliebe zusammengehören. Liebe ist für die große Theologin eine ganzheitliche gegenseitige Hingabe, und sie hat auch eine politische Seite: Gerechtigkeit.
Den Meditationen ist ein Nachwort von Professor Fulbert Steffensky beigegeben. Er und die Hannoveraner Landesbischöfin Margot Käßmann sprechen Texte auf der CD. Das Buch ist mit Darstellungen aus der Kunstgeschichte ausgestattet. Sie spiegeln die Facetten der Liebe wider – ebenso wie die Musik, die Bach und lateinamerikanische Klänge der Grupo Sal zusammenführt.

In jeder Buchhandlung

HERDER